AF206198

Moskau
lieben lernen

Der perfekte Reiseführer für einen unvergesslichen Aufenthalt in Moskau inkl. Insider-Tipps, Tipps zum Geldsparen und Packliste

Galina Schneider

✈ INHALT

Das erwartet Sie in diesem Buch

In diesem Buch erfahren Sie alles, was Sie über Moskau wissen müssen, und wie Sie dort einen angenehmen Aufenthalt erreichen können. Moskau ist eine Stadt mit unendlich vielen Möglichkeiten. Egal ob Museen, Einkaufszentren oder Restaurants – hier werden Sie alles finden.

Auch direkt in der Stadtmitte werden Sie unvergessliche Erfahrungen machen. Hier können Ihnen die unterschiedlichsten Menschen begegnen. Sie werden höchstwahrscheinlich auch kleine Stände mit Souvenirs oder kleinen Sammlungen sehen und falls Sie etwas zu essen kaufen wollen, wird Ihnen bestimmt direkt ein kleiner Stand mit gekochtem Mais oder den in Russland sehr weit verbreiteten „Tschebureki" ins Auge fallen.

Im Großen und Ganzen informiert Sie dieses Buch über die besten und interessantesten Orte in Moskau, zeigt Ihnen die besten Hotels und Restaurants dort und gibt noch dazu Tipps für eine günstige Reise und einen angenehmen Aufenthalt in der Großstadt.

Viel Spaß beim Lesen!

Moskau – Eine Weltmetropole

Moskau ist unter den zahlreichen Städten und Dörfern Russlands die größte Stadt und hat sich im Laufe der Zeit zu einer modernen Weltmetropole verwandelt. Es gibt unfassbar viele Möglichkeiten und Beschäftigungen, die sich dort anbieten. Von kleinem Kiosk am Straßenrand bis zu den beeindruckenden Metrostationen aus Marmor – hier finden Sie alles was Ihr Herz begehrt.

Doch was genau macht Moskau so besonders?

Und was lieben die Einwohner selbst an der Groß-stadt?

Diese und viele weitere Fragen werden in diesem Buch beantwortet.

Die Geschichte Moskaus

D ie Geschichte Moskaus beginnt im Jahr 1147. Am 9. September feierten die Russen ihr 870. Jubiläum. Das Jahr 1147 gilt als Entstehung Moskaus. Doch hat die Geschichte der Großstadt wirklich erst so spät begonnen? Viele Schriften, Aufzeichnungen und archäologische Funde lassen Forscher dies in Frage stellen. Bisher einigten sich Experten aber auf das Jahr 1147, da noch nichts anderes wirklich bewiesen werden konnte.

Heutzutage gilt Juri Dolgoruki (1090-1157), ein bekannter Fürst Russlands, als der Gründer Moskaus. Er hat die Stadt nämlich das erste Mal öffentlich erwähnt und so den Anfang Moskaus begonnen.

MOSKAUS LEBENSLAUF

Moskau hat schon eine lange Reise mit unglaublich vielen Ereignissen hinter sich. Doch auch diese Stadt hat einen Anfang, der mit dem „Moskwa – Fluss" beginnt. Von diesem Fluss hat Moskau nämlich seinen Namen bekommen. Das ist ein 502 km langer Nebenfluss der „Oka" der sich auf dem Moskauer Stadtgebiet befindet. Moskwa bedeutet übersetzt „Sumpf oder Feuchtigkeit" (Wegen dem sumpfigen Gelände rings um das Flussbett). So ist dann auch der Name „Moskau" für die Stadt entstanden.

1156 wurde dann die erste Befestigungsanlage (eine Art Festung) aus Holz gebaut. Somit entstand der erste Kreml in Russland.

1238 erobert das mongolische Heer Moskau.

Die russischen Fürsten waren danach den Mongolen unterworfen. Die Mongolen hatten nun die Herrschaft, erlaubten den Fürsten jedoch einige ihrer eroberten Gebiete zu regieren. Diese mussten dann viel Geld an die „wahren Herrscher" Moskaus zahlen.

1272 Daniil von Moskau (der Urenkel von Juri Dolgoruki): Er wird 1272 zum Fürsten von Moskau ernannt.

Der neue Fürst gründet das Danilow-Kloster, welches somit zum ersten Kloster der Stadt wurde. (Das imposante Kloster wurde schon mehrmals umgebaut, kann aber heute immer noch besucht werden.)

Daniil von Moskau war eine Art „Stammvater" für die Moskauer Großfürsten und der damaligen Zaren. Diese „Herrscherkette" wird 1598 beendet, als der letzte Zar „Fjodor I." stirbt.

1325 - 1340 Moskau wird durch den Großfürsten Iwan I. Kalita zu einem wichtigen Zentrum für Russland. Es spielt politisch sowie kulturell eine große Rolle für das Land.

Mit der Zeit gewann der Großfürst das Vertrauen der Mongolen und deren Herrscher. So verleihen die Mongolen der Stadt den Status des Großfürstentums. Moskau hat nun etwas Macht über andere Fürstentümer, die von den Mongolen erobert wurden.

1325 Der Metropolit (ein Oberbischof) von Kiew verlagert seinen Sitz nach Moskau. Somit rückt auch die Kirche in Moskau immer mehr in den Vordergrund.

1380 Dmitri Donskoi, der Großfürst von Moskau, schafft es, die goldene Horde (ein mongolisches Heer) zu besiegen. Die Niederlage der Horde auf dem Schnepfenfeld zählt heute noch zu den wichtigsten Ereignissen bei der Befreiung Russlands von der Herrschaft der Mongolen.

1462 - 1505 Ein völlig neuer russischer Staat entsteht, als Iwan III. der Große seine Regierungszeit antritt. Der Regierungssitz ist nun in Moskau.

Iwan III. schafft es, einige Fürstentümer in Russland unter seiner Herrschaft zusammenzubringen und stärkt somit die einsetzende Machtstellung der Stadt. In seiner Regierungszeit schafft er es, das Land komplett von den Mongolen zu befreien und schafft somit die endgültige Freiheit Moskaus.

1472 Iwan III. heiratet Sofia Palaiologa. Sie ist die Nichte des letzten Kaisers von Byzanz. So wird sein Reich nach dem Fall Konstantinopels zum "dritten Rom". Moskau wird deshalb für viele das Zentrum des orthodoxen Glaubens.

Nun setzt der Großfürst große Pläne um und ruft sich italienische Architekten nach Moskau. Sie sollen sich hauptsächlich auf den Ausbau des Moskauer Kreml (Festung) konzentrieren.

1547 Iwan IV, auch „der Schreckliche" genannt, lässt sich zum "Zaren von ganz Russland" krönen. Dadurch wird die Stadt zur Hauptstadt seines Reiches.

1547 – 1712 Moskau schafft es nun auch offiziell, zur Hauptstadt des russischen Reiches zu werden. Sie wird auch als „Zarentum Russland" bezeichnet.

1565 – 1684 Iwan IV erliegt einer wachsenden Paranoia und tötet seinen Sohn. Er verwandelt Moskau zu einer mit Angst erfüllten Stadt und hinterlässt nach seinem Tod ein gespaltenes und zutiefst erschüttertes Land.

1589 – 1613 Es beginnt die Zeit der „Wirren", eine Phase ständiger Wechsel der Machtverhältnisse und vieler Umsturzpläne.

1610 – 1612 Das Großreich Polen erobert Moskau. Schweden mischt sich ein und belagert zudem die Grenzen des von der Zeit der „Wirren" geschwächten Russland. Das Zarenreich selbst hat zu der Zeit keine Regierung.

1612 Durch den Kaufmann Minin und den Fürst Poscharski wird Moskau von der polnischen Herrschaft befreit. Aus diesem Grund wurde im Jahr 1818 ein Denkmal auf dem roten Platz gebaut, um die beiden Helden zu ehren.

Mitte 17. Jh. Moskaus Bevölkerung wächst auf 200.000 Menschen.

1698 Es findet eine plötzliche Modernisierung durch Peter den Großen statt, der 1698 zum Zaren Russlands wird. Sein Plan ist es, die Gesellschaft nach dem Vorbild des Westens zu modernisieren.

1712 Die Hauptstadt Moskau wird durch Peter den Großen nach St. Petersburg verlegt.

1728 - 1730 St. Petersburg gibt ihren Ruf als Hauptstadt wieder an Moskau ab.

1730 Nun wird St. Petersburg wieder zur Hauptstadt. Trotzdem findet die Krönung der Zaren weiterhin im Moskauer Kreml statt.

1741 - 1762 Die Regierungszeit von Zarin Elisabeth beginnt nun. Sie ist die Tochter von Peter dem Großen. Die Zarin ist ein guter Einfluss auf Moskau und lässt den Kreml durch einige Bauern restaurieren. Außerdem feiert sie große Feste in Moskau

Lefortowo. (Eine Zarenresidenz Moskaus).

1755 Die erste Universität in Moskau wird gegründet. Sie ist sehr klassisch gehalten und kann heute noch besichtigt werden.

Auch hier kümmert sich Zarin Elisabeth gut um Moskau und lässt dort, wie auch in anderen Städten, viele Schulen bauen. Somit ist sie ein wichtiger Grund für die Förderung der Aufklärung in Russland zu der Zeit. Die Eröffnung der klassischen Universität in Moskau zählt ebenfalls als eine der wichtigsten Verdienste der Zarin Elisabeth. Die eigentliche Idee für eine Universität in Russland stammte jedoch von Michail Lomonosov. Das war ein russischer Gelehrter. Aus diesem Grund wurde die Universität nach ihm benannt. (Seit dem Jahr 1940)

1770 - 1771 Für Moskau beginnt eine schwere Zeit, da dort eine Pestepidemie ausbricht, die wahrscheinlich von russischen Soldaten nach Moskau gebracht wurde und aus Südeuropa kam.

Russland war zu der Zeit mit dem Osmanischen Reich in einem Krieg. Die Epidemie soll fast ein Jahr gedauert haben. Im August 1771 erreicht die Pest ihren Höhepunkt und forderte täglich über tausend Tote. Dadurch bricht Panik in Moskau aus und es kommt zu einem Volksaufstand. Dieser ist heutzutage als die Moskauer Pestrevolte bekannt.

1780 Das Bolschoj Theater, das erste Theater Russlands, wird in Moskau gebaut.

1812 Durch einen heftigen Brand wird Moskau fast komplett zerstört. Außerdem herrscht zu der Zeit in Russland ein großer Krieg gegen Napoleon. Der Brand schwächt Russland enorm. Michail Kutuzow kommt zu dem Entschluss, Moskau ohne einen weiteren Kampf Napoleon zu übertragen. Er ist zu der Zeit der Oberbefehlshaber der russischen Armee.

Nachdem Napoleon mit seinen Truppen in die Stadt eintrifft, wird Moskau direkt an mehreren Stellen in Brand gesetzt. Die Ursache des Brandes ist nicht ganz klar. Es werden zwei Möglichkeiten vermutet. Die Erste ist: Der Moskauer Gouverneur Rostoptschin befahl mehre Brände zu legen.

Die Zweite ist: Durch unkontrolliertes Handeln könnte es möglich sein, dass die französischen Soldaten die Brände aus Versehen selbst entfacht haben. Das herrschte über einige Tage und zerstörte den Großteil der Stadt.

Doch sogar bis heute gibt es in der Stadt einige

Häuser, die dem standgehalten haben und nicht zerstört worden sind.

1813 Die "Kommission für den Aufbau Moskaus" wird von dem Zaren Alexander I gegründet. Russland wird in größerem Umfang wieder erbaut und es wird sich unter anderem auf eine Modernisierung der Stadt konzentriert. Die Kommission zahlt sich aus und kann erste Erfolge vorzeigen. Außerdem werden Anordnungen und Fassaden der Häuser bestimmt. Zudem werden Baupläne entworfen und Baumaterial zur Verfügung gestellt.

Bis 1817 gibt es keine Probleme aufgrund der Wohnhäuser. Durch die Brände ist viel Platz in Moskau frei geworden. Dieser wird nun dafür verwendet, um breitere Straßen bauen zu können. Man baut jetzt eine gepflasterte Ringstraße mit einigen Gehwegen anstatt eines Erdwalls. Es werden zudem noch viele Gärten gebaut, was zur Entstehung des heutigen Gartenrings führt. Um dem Zaren Alexander I die Ehre zu erweisen, wird im Jahr **1819-1823** der heute sehr bekannte Alexandergarten geschaffen. Der dort errichtete „Triumphbogen" soll daran erinnern, wie Russland gegen Napoleon gesiegt hat.

1894 der letzte russische Zar, Zar Nikolaus,

wird in Moskau gekrönt.

Ende 19. Jh. Moskau schafft es, sich mit der Zeit zu einem Industriezentrum für Textilwaren zu entwickeln. Die Stadt wird außerdem zum geistigen Sitz der Sozialdemokraten.

1918 Moskau wird zur Hauptstadt der Sowjetrepublik, aufgrund der erfolgreichen Oktoberrevolution.

1922 Die Sowjetunion in Moskau wird gegründet.

1924 Nach seinem Tod wird Lenin einbalsamiert und anschließend auf dem roten Platz (Moskau) in einem Mausoleum bestattet.

1935 Die **Moskauer Metro** wird eröffnet.

1939 Moskau entwickelt sich immer weiter und bekommt nun Fernsehen.

1941 - 1942 Beginn des zweiten Weltkriegs. Einige deutsche Truppen kommen nach Moskau, werden dort aber von der roten Armee zurückgeschlagen.

1945 Die erste **Siegesparade für die rote Armee** findet auf dem roten Platz statt.

1948 - 1957 Die sieben Schwestern werden gebaut.

Unter den sieben Schwestern versteht man die von Stalin zum Bau beauftragten Hochhäuser in Moskau. Das sind: das Hauptgebäude der Moskauer Lomonossow-Universität, das Hotel „Ukraine" in Moskwa City, das 176m hohe Wohnhaus (an der Kotelnitscheskaja-Straße), die „Leningradskaja", das rote Tor und das Außenministerium.

1947 Beginn des kalten Krieges

1953 Tod Stalins

1980 Die XXII Olympischen Sommerspiele finden in Moskau statt.

1991 Es findet ein Putsch in Moskau statt. (Augustputsch). Der Zerfall der Sowjetunion soll von der kommunistischen Partei verhindert werden. Michail Gorbatschow soll als Präsident gestürzt werden. Es versammeln sich viele Menschen in der Stadt, um gegen die Verschwörer zu protestieren. Es rollen sogar Panzer über Moskaus Straßen. Das Ziel dabei ist es, die Wiederergreifung der Macht der Kommunisten zu verhindern. Vor dem weißen Haus findet eine sehr große Protestaktion statt. Der Staatsstreich kann verhindert werden.

1991 Moskau wird zur Hauptstadt Russlands, nachdem die UdSSR zerfällt.

1992 - 2010 Juri Luschkow wird zu Moskaus Oberbürgermeister. Besonders in den 90er Jahren kommt es zu einer starken Veränderung Moskaus. Viele Bauarbeiten finden statt. Die von den Bolschewiken zerstörte Christ-Erlöser-Kathedrale wird genauso wie das Tor am roten Platz und die Moskauer Kathedrale wiederaufgebaut. Zum 850-jährigen Jubiläum im Jahr 1997 werden viele Gebäude in der Stadt renoviert. Gleichzeitig werden jedoch auch viele historisch wichtige Sehenswürdigkeiten und Gebäude abgerissen. Die Stadt wird wiederaufgebaut. Dasselbe gilt für das Internationalen Geschäftszentrum in der Großstadt.

2011 – 2017 Viele Probleme entstehen nun in der Stadt, diese werden zu lösen versucht. Dazu gehören die verpestete Luft, sehr viele lange Staus, die Parksituationen in den Großstädten und vieles mehr. Es wird eine Aktion gestartet, die sich "Eine Million Bäume" nennt. Es werden von 2013 bis 2017 mehr als vier Millionen Bäume in der Stadt gepflanzt. Außerdem wird Moskau und besonders auch das historische Zentrum Moskaus, fast komplett renoviert. Es werden Bürgersteige vergrößert und erweitert und viele Gegenstände restauriert.

Außerdem wurde die Straßenbeleuchtung verbessert und es wurden einige Fußgängerunterführungen gebaut.

Der **2017** Der Turm „Federazija" in Moskau wird erbaut. Er ist 374 Meter hoch und somit der höchste Wolkenkratzer Europas.

9. September 2017 Der Park „Sarjadje" in der Nähe des Kremls wird zum 870. Jubiläum eröffnet. Er ist ungefähr 13 Hektar groß. An diesem Ort kann man vor allem die Welt der Pflanzen genießen. Dabei findet man vor allem vier für Russland bekannte Landschaftstypen, die aus Tundra, Wald, Steppe und Wiese bestehen. Dort gibt es außerdem eine große Brücke, die sich in 13 Metern Höhe über dem berühmten Moskwa-Fluss befindet. Von dort aus kann man den Kreml und die Basilius-Kathedrale betrachten. Der Park ist 24 Stunden am Tag kostenlos zugänglich.

Tipps für eine angenehme Anreise

Um eine angenehme Anreise nach Moskau planen zu können, müssen Sie ein paar Dinge wissen, die Ihnen in einigen Situationen möglicherweise von Vorteil sein können. Hier sind 15 Tipps und Tricks, wie Sie sich Ihre Anreise erheblich erleichtern können:

1. Für Städtereise nach Moskau sollten Sie am besten das Flugzeug wählen. Von vielen Städten aus Deutschland, zum Beispiel Berlin, Düsseldorf, Frankfurt, Hamburg, München und Hannover, gibt es von verschiedenen Airlines Nonstop-Verbindungen nach Moskau. Ein Direktflug dauert etwa zweieinhalb bis dreieinhalb Stunden.

2. Beachten Sie die Zeitverschiebung in Russland, die ungefähr plus zwei Stunden beträgt, damit keine unnötigen Missverständnisse auftreten.

3. Moskau hat eine Hotline für Touristen, die Sie vor Ort über die Sehenswürdigkeiten und Nahverkehr informiert und Ihnen eventuell bei diversen Problemen weiterhilft. Wählen Sie dafür die 122 auf Ihrem Mobiltelefon.

4. Hier sind einige wichtige Telefonnummern, die in besonderen Situationen hilfreich für Sie sein könnten: Notarzt: 03 (bzw. 112 mit Mobiltelefon), Moskauer Metro Fundbüro: +7-495-222-20-85

5. Um ein Visum nach Russland beantragen zu können, brauchen Sie jedoch eine Reisekrankenversicherung.

6. **Moskau** ist außerdem eine sehr große Stadt. Auch wenn Sie nur das Zentrum in Moskau

besichtigen wollen, sollten Sie beachten, dass die Sehenswürdigkeiten leider weit voneinander entfernt sind. Hier sind einige Beispiele für Sie:

- Die Hauptstraße „Twerskaja" ist ca. 1,7 km lang. Hier gibt es einen Haufen Nachtlokale, teure Läden und zudem noch Hotels. Außerdem befindet sich dort auch das Rathaus und ein in der Stadt bekanntes Denkmal Juri Dolgoruki, den Stadtgründer von Moskau.

- Der Boulevard Ring ist über 9 km lang und erstreckt sich über das ganze Moskauer Zentrum. Außerdem sind der Twerskoj, der Gogolewskij und der Strastnoj Boulevard die interessantesten der insgesamt 10 Boulevards. Dieser Teil ist ungefähr 3 km lang.

7. Ein weiteres großes Problem sind die Verkehrsstaus in Moskau. Am meisten Verkehr ist morgens von 8 bis 11 Uhr und abends von 17 bis ungefähr 21 Uhr. Aus diesem Grund sollten Sie auf jeden Fall den Verkehr in Moskau beachten und sich genug Zeit nehmen, damit Sie Ihren Flug nicht verpassen. Außerdem gibt auch extra Züge, die von der Stadtmitte zum gewünschten Flughafen fahren. Meistens ist man so sogar schneller als mit anderen

öffentlichen Verkehrsmitteln, wie zum Beispiel einem Bus oder Taxi.

8. In der Stadt kommen Sie auf jeden Fall mit der **Moskauer Metro** am schnellsten und sichersten zu Ihrem Ziel. Fahren Sie lieber nicht mit dem Auto, da besonders in Moskau sehr viele Staus herrschen und die Fahrgewohnheiten ganz anders und außerdem auch sehr viel hektischer sind. Vermeiden Sie auf jeden Fall auch das Fahrradfahren. Die Verkehrssituation in Moskau ist so schlimm, dass Fahrradfahren hier sogar lebensgefährlich ist.

9. Wenn Sie ein Taxi in Moskau benutzen möchten, sollten Sie auf jeden Fall nur offizielle Taxen nehmen und auf keinen Fall private Wägen. Es gibt sehr viele klar erkennbare Taxi-Unternehmen in der Großstadt. Die Autos können zum Beispiel in den Farben gelb, schwarz oder auch rosa sein und haben eine Art „Schachbrett-Muster" auf der rechten und linken Seite des Fahrzeugs. Das Logo der Taxifirma befindet sich ebenfalls an der Seite. Manchmal sind die Taxen im dichten Verkehr nicht einfach zu erkennen. Deshalb ist es besser ein Taxi im Hotel oder auch telefonisch zu bestellen.

10. Auch für behinderte Menschen ist Moskau

als Ausflugsziel sehr gut geeignet. In der Stadt gibt es überraschend viele Möglichkeiten, auch für behinderte Menschen die Reise angenehm und aufregend zu gestalten. Das erkennt man gut an den öffentlichen Einrichtungen, wie zum Beispiel Parks oder Straßen, die extra für Rollstuhlfahrer angemessen angepasst sind. Dasselbe gilt auch für Busse oder Trolleybusse, die mit passenden Vorrichtungen ausgestattet wurden. Leider haben behinderte Menschen in der Metro nicht so viele Möglichkeiten. Es wurden zwar neue Metro-Stationen mit rollstuhlgerechten Vorrichtungen erbaut, dennoch können die alten Stationen aber nicht mehr umgestaltet werden. Der Umbau dort ist nahezu unmöglich. Leider gibt es nur wenig Aufzüge und beim Wechsel zu anderen Stationen kann es sein, dass man viele Treppen steigen muss. Das ist nicht nur für Menschen mit Behinderung sehr anstrengend, es trifft nämlich auch auf Menschen mit Kinderwagen oder Gepäck zu.

11. Eine weitere wichtige Sache: Falls man vorhat eine Kirche, ein Kloster oder eine Kathedrale zu besichtigen, sollte man als Frau auf jeden Fall den Kopf, Schultern und die Knie bedecken. Sonst kann es durchaus passieren, dass man nicht reingelassen

wird. Textilwaren wie Wickelröcke oder Kopftücher können auch in einigen Kirchen ausgeliehen werden.

12. In Moskau wird das Leitungswasser jede Woche kontrolliert und erfüllt nach offiziellen Angaben die Richtlinien. Es kann also ohne weitere Bedenken getrunken werden. Das Trinkwasser dort wird mit Chlor desinfiziert.

13. Die meistens Cafés, Bars oder Restaurants in Moskau bieten außerdem kostenloses Internet an. Viele Internetzugänge sind jedoch oft mit einem Passwort geschützt und normalerweise auch nur für Kunden gedacht. Aus diesem Grund sollte man lieber nach den Zugangsdaten fragen.

14. Das müssen Sie unbedingt wissen: Es ist fast an jedem Ort in Russland verboten Alkohol öffentlich zu trinken. Alkohol wird in der Zeit von 22:00 bis 10:00 Uhr grundsätzlich nicht verkauft. Dasselbe gilt auch für Supermärkte. Die kleinen Kioske am Straßenrand dürfen ebenfalls tagsüber keinen Alkohol mit mehr als 6 % (also zum Beispiel Bier oder Wein) verkaufen.

15. Moskau und St. Petersburg sind ca. 650 km voneinander entfernt. Eine Fahrt mit dem Zug dauert ungefähr 9 Stunden bzw. mit dem Schnellzug

„Sapsan" ungefähr 4 Stunden. Ein **Flug** jedoch dauert nur 1 Std. 30 Minuten. Falls Sie sich beide Städte ansehen wollen sollten Sie beachten, dass fast alle Flughäfen weit außerhalb des Zentrums liegen.

Mentalität und Gesellschaft

Im russischen Alltag lassen sich viele Unterschiede des Verhaltens, der Gesellschaft und der Mentalität der Russen finden. Falls Sie das erste Mal in Russland sind, wird sie höchstwahrscheinlich als erstes die russische Sprache, die sehr rau und aggressiv klingt, schockieren. Doch nach einiger Zeit wird dies zum Normalfall und so gewöhnt man sich dran. Genauso ist es mit der russischen Gesellschaft. Welche Dinge unterscheiden sich vom „typisch deutschen" zum „typisch russischen"

Verhalten? Hier kriegen Sie einige Infos über die Mentalität der Russen und werden noch dazu vor besonderen Fettnäpfchen gewarnt, die Sie am besten vermeiden sollten.

DIE RUSSISCHE MENTALITÄT

Viele Russen pflegen ein großes Misstrauen gegen den Staat und dessen Systeme (zum Beispiel bei Behörden oder einigen öffentlichen Personen), umso größer ist das Vertrauen auf persönliche Beziehungen.

Die Russen sehen sich klar im Vorteil, wenn die Gemeinschaft funktioniert. Je mehr Kontakte man hat, desto mehr Verbindungen hat man, um das zu bekommen, was man will. Darunter zählen zum Beispiel Wohnungen, ein Telefon oder Reisepässe. Die Russen sind sehr hilfsbereit. Falls Sie in Russland jemanden um einen Gefallen bitten, wird man Ihnen sehr wahrscheinlich dem Wunsch erfüllen. Auch im Geschäftsleben wird Erfolg viel mehr mit gutem Kontakt zu vielen Personen assoziiert als zu sachlichen Dingen. Im Vordergrund steht vor allem das Gemeinschaftsgefühl in der Familie und auch bei der

Arbeit.

Für die Russen ist es viel wichtiger, ein gutes Arbeitsklima zu haben als materielle Dinge, wie zum Beispiel die Ausstattung des eigenen Arbeitsplatzes. Der Zusammenhalt, egal ob auf der Arbeit oder in der Familie, erlaubt somit auch den Frauen regelmäßig zu arbeiten, während sich viele Großmütter um die Kindererziehung kümmern.

AKZEPTANZ VON MACHT

Macht und Autorität spielen in Russland eine große Rolle. Im Vordergrund steht die Akzeptanz von Macht anderer Personen. Die Russen wünschen sich jemanden, egal ob am Arbeitsplatz oder auch politisch, der es schafft eine intelligente, selbstbewusste und starke Führung vorzuweisen, die einen selbst von der Pflicht befreit, Verantwortung oder Eigeninitiative zu übernehmen. Eine Amtsperson wird respektiert, da sie das Wissen über Dinge, die der Bürger nicht vorweisen kann, besitzt. Für Russen ist das eigenständige Erledigen von politischen oder Amtsgeschäften, wie zum Beispiel Bürokratie, komplizierte Formulare oder wichtige politische

Änderungen, ohne russische Hilfe fast nicht zu bewältigen. Auch relativ unwichtige Entscheidungen trifft meistens nur der Chef, da die Russen meistens alles sofort richtig machen wollen und sich keine Fehler erlauben. Außerdem fragen sie bei Problemen nur Respektspersonen (in diesem Fall den eigenen Chef), was also bedeutet das Mitarbeiter hier ausgeblendet werden. Dies liegt daran, dass die Russen ihre Probleme eigentlich auch sehr wohl alleine lösen könnten, jedoch keine Motivation dazu haben und lieber professionelle Hilfe anfordern, um sofort alles richtig zu machen.

EMOTIONALE EREIGNISSE

Der typisch russische Charakter schließt natürlich auch die hohe Emotionalität mit ein. Für die etwas kalten Westeuropäer ist dies wahrscheinlich eher als Überdramatisierung zu verstehen. Probleme oder Erlebnisse werden, egal ob positiv oder negativ, immer sehr gefühlsbetont berichtet. Genauso groß wie die Bereitschaft der Russen zur Schwarzmalerei, ist auch der Glaube, dass sich in der Zukunft alles zum Besten wenden wird. Oft werden zum Beispiel

Pläne zu überstürzt gemacht und genauso schnell wieder verworfen und danach mit Selbstironie erzählt, wenn ein Ziel nicht funktioniert hat. Auch bei Feiern oder Festen sind die Russen deutlich emotionaler als die Deutschen.

DAS ZEITPROBLEM

Für die Deutschen ist besonders das russische Zeitverständnis eine Neuheit. „Wir kommen bald", „ich bin sofort da" oder „gleich" und "bald" sind ausgeweitete Zeitzonen, die Minuten oder auch Monaten umfassen können. Die Pünktlichkeit ist auf jeden Fall keine russische Angewohnheit. Aber dafür nehmen sich die Russen gerne viel Zeit und leben entspannt. Ein ungeduldiger Blick auf die Uhr wird in diesem Land nicht gern gesehen.

ABERGLAUBE

Viele Russen haben eine Verbindung zum Aberglauben, der nicht von der Bildung oder dem Reichtum einer Person abhängig ist. Er ist besser gesagt tief verwurzelt. Diese Vorlieben werden Bekannten oder Besuchern gerne weitererzählt und nähergebracht. Viele Gesten dürfen hier nicht verwendet werden, wie zum Beispiel das Händeschütteln über der Türschwelle, was als schlechtes Zeichen gilt.

DIE RUSSISCHE GASTFREUNDSCHAFT

Einen Abend bei einem Russen verbringen zu dürfen ist das Beste, was Ihnen auf Ihrer Reise passieren kann. Ihr Glas wird, genauso wie Ihr Teller, immer voll sein und es werden tausende Trinksprüche folgen. Dabei werden Erlebnisse und Geschichten erzählt, es wird Musik gehört und sich amüsiert. Sie erleben hier pure Gastfreundschaft und Warmherzigkeit. Die Russen sind deutlich gastfreundlicher als die Deutschen und man ist bei ihnen immer willkommen. Dabei wird gerne und viel gegessen und getrunken und sich einfach nur amüsiert.

BEKANNTSCHAFTEN

In Russland spricht man sich in den meisten Fällen mit dem Vornamen an. Bei dem ersten Kennenlernen sollten Sie die Person gegenüber immer siezen, meistens wird Ihnen aber schon nach kurzer Zeit das "Du" angeboten. Respektspersonen, wie zum Beispiel Beamte oder Lehrer, sollten Sie jedoch immer siezen.

Falls jemand älter als Sie ist, sollten die Person am besten mit „Sie" angesprochen werden. Es kann sogar sein, dass der Name des Vaters dazu genommen wird. (Der Name + der Name des Vaters) Hier ist ein Beispiel: Ivan Alexandrovitsch, das bedeutet: Ivan, Sohn von Alexander. Sie sollten Ihre Gesprächspersonen immer erst mit dem Nachnamen ansprechen, bevor Ihnen das "Du" angeboten wird.

Wenn Sie jemanden kennenlernen, benutzen Sie die gleiche Anrede wie er. Ganz wichtig ist außerdem der Handschlag.

ZU BESUCH

In Russland kommt es oft vor, dass man nach Hause eingeladen wird. Aber auch jemanden ohne eine bestimmte Verabredung (sogar ohne Anruf) zu besuchen, ist hier ganz normal. Wenn Sie mal in Russland zu jemandem eingeladen werden sollten, sollten Sie Ihre Straßenschuhe ausziehen. Meistens werden Ihnen dann Hausschuhe angeboten. Falls Sie etwas mitbringen wollen: eine Flasche Wein, Cognac oder Wodka reichen. Bei Frauen können Sie eine Packung Pralinen oder Blumen schenken.

BLUMEN SCHENKEN

Beim Blumenschenken spielt die Zahl der Blumen eine wichtige Rolle. Eine gerade Anzahl von Blumen schenkt man immer nur zu einem traurigen Anlass, zum Beispiel bei einem Todesfall. Eine ungerade Zahl von Blumen zu einem guten Ereignis.

Das Leben in Moskau

Moskau ist einer der ungemütlichsten Orte in Russland. Staub, Lärm und der Verkehr machen es den Bürgern dort nicht leicht. Aber auch in der lauten, nach Benzin riechenden und eintönigen Hauptstadt gibt es schöne Momente, die man einfach nur genießen kann. Eine unfassbar schöne Aussicht von großen Hotels oder Bergen, viele schöne Autos und die verschiedensten Menschen kann man dort sehen. Auch viele schöne Sehenswürdigkeiten, wie der rote Platz oder die

Basilius-Kathedrale sind Dinge, die man sich nicht entgehen lassen sollte.

Aber besonders für Fotografen und „Stadtmenschen" bietet Moskau unfassbar viele Möglichkeiten für ein perfektes Bild oder einfach einen Moment der guten Aussicht.

Moskau ist vor allem eine Nachtschönheit. In der warmen Jahreszeit kann man zum Beispiel vor dem berühmten Café „Jan-Jak" draußen sitzen und die Zeit genießen. Es ist etwas teuer, lohnt sich aber auf jeden Fall mal besucht zu werden.

Aber auch die Menschen sind ein wahrhaft schöner Anblick.

Auf dem Boulevard, eine bekannte Straße in Moskau, kann man meistens auch noch schöne Frauen vorfinden, in Sommermode, mit wunderschönen Langhaarfrisuren. Sie sind selbstbewusst und sympathisch.

Viele Menschen interessieren aber die teuren Preise oder schönen Frauen nicht. Besonders junge Leute wie Studenten oder Business-Leute finden, dass das Jan-Jak ein perfektes Café für das Ausleben kreativer Ideen ist oder auch nur, um die eigenen Social Media Seiten auszubauen.

Sie schreiben dann zum Beispiel Instagram oder Facebook-Kommentare oder lesen Kommentare der Freunde, die gerade nicht dabei sind. Die Moskauer sind Meister darin, jeder Mode zu folgen und diese dann auch noch immer weiter zu steigern.

Es wird deshalb dort recht wenig gelacht oder geredet. Das gilt auch für den Jan-Jak am Nikitski Bulwar und natürlich auch für die weiteren acht Jan-Jak-Restaurants im Moskauer Zentrum. Moskau besitzt nur wenige Einzelläden, auch Clubs oder Bars werden hier schnell zu großen Ketten. Es gibt hier nur selten kleine Industrieviertel, in denen die Jugendlichen ihre eigenen Clubs, Discos oder Fahrradläden organisieren. Eigene Viertel sind hier sehr selten.

Jedoch ist Moskau vor allem für Menschen, die Fast Food lieben oder in Restaurants gehen, der perfekte Ort. Das Zentrum ist voll mit Museen, Ausstellungen und Restaurants. Und egal, bei welcher Metro-Station man aussteigt, es werden Sie auf jeden Fall überdurchschnittlich viele McDonalds-Filialen, Clubs, Bars oder Cafés erwarten.

Jedoch gibt es auch viele Nachteile in der Großstadt. Falls man in Russland wohnt, ist es gut möglich, dass sich jemand in Ihrem Treppenhaus übergeben hat oder jemand Ihr Auto zugeparkt hat. Leider gibt es in der Stadt nicht sehr viele gemütliche Orte, doch auch hier hat man durchaus die Möglichkeit, viele schöne Momente zu erfahren.

Doch natürlich kann man besonders in Moskau unglaublich viele neue Menschen kennenlernen. Man trifft sich mit der Zeit und irgendwann fängt jemand an Gitarre zu spielen und dabei alte sowjetische Lieder oder auch neue Lieder zu singen. Zusammengefasst: Es wird sich sehr amüsiert. Man hört die Gitarre, hört das Lachen der glücklichen Menschen und fängt selbst an zu lachen. Die Zeit vergeht viel schneller und schon wieder neigt sich ein weiterer toller Abend in toller Gesellschaft dem Ende zu. Moskau ist etwas rau, aber auch Moskau ist eine Stadt, in der man glücklich werden kann.

10 GRÜNDE WARUM DIE RUSSEN MOSKAU LIEBEN

Wenn Moskau so viele Nachteile hat, wieso leben dann so viele Menschen in der Großstadt? Die Fragen stellen sich viele „Nicht-Russen". Doch Moskau ist gar nicht so schlimm wie viele denken, und bietet sogar sehr viele Vorteile, die man in anderen Ländern definitiv nicht hat. Hier sind 10 Gründe, wieso die Russen Moskau lieben.

1. Ladenöffnungszeiten

Moskau ist eine Stadt, die Tag und Nacht wach ist. Die Läden sind rund um die Uhr und auch sonntags offen und bieten den Bürgern viel Freiheit. Man hat hier vor allem die Möglichkeit, 24 Stunden am Tag einkaufen gehen zu können. Zum Beispiel kann man nachts um zwei in einen Buchladen gehen und dort ein gerade frisch erschienenes Buch kaufen, um zwei Uhr nachts in den Baumarkt gehen, falls man noch was braucht, um vier Uhr Blumen für die Freundin besorgen, falls man es am Vorabend vergessen hat oder auch um fünf Uhr das Auto für den langen Tag waschen. In Moskau ist dies Normalzustand! Nur Alkohol, kann man von 23 Uhr bis acht Uhr morgens nicht kaufen.

2. Die Metrostationen

Moskau bietet beeindruckende Metrostationen. Hier ist die Metro nicht nur ein Fortbewegungsmittel, sondern noch dazu eine Touristenattraktion! Die aus Marmor und mit Steinverzierungen gefertigten Untergrundstationen sind ein echter Hingucker und einfach nur schön anzusehen. Die Metro in Moskau, ist die schönste Untergrundbahn der Welt. Doch sie sieht nicht nur gut aus, sie ist auch günstig, kommt pünktlich und auf sie ist Verlass. Sie wurde am 15. Mai 1935 eröffnet und feiert im Jahr 2020 ihr 85. Jubiläum. Jeden Tag fahren über sieben Millionen Menschen mit ihr, weswegen die Züge leider meistens sehr überfüllt sind, was aber bei sieben Millionen Menschen kein Wunder ist. Falls Sie die Metro besichtigen wollen, nehmen Sie sich lieber früh morgens, spät abends oder an einem Sonntag Zeit. Bekannte Metrostationen sind: Komsomolskaya, Kievskaja und Prospekt Mira

3. Filme und Musik in Russland

Viele Russen haben nicht nur Facebook oder Instagram, sondern auch VKontakte. VKontakte ist ein mehrsprachiges soziales Netzwerk, welches den Benutzern den Austausch auch in anderen Ländern ermöglicht. So kann man auch seine russischen Sprachkenntnisse ausbauen und Kontakte pflegen. Die App ist eine Möglichkeit um Filme, Serien oder russische Musik zu hören. Und das Beste: alles ist ohne Werbung!

4. Der Überall-Zahlungsverkehr

Moskau ist sehr flexibel und bietet viele verschiedene Möglichkeiten, Dinge schnell zu erledigen und abzuschließen. In der Stadt kann vieles schnell und einfach mit dem Handy abgeschlossen werden. Ein Beispiel ist hier die Aufladung von Prepaid-Handys. Dies kann schnell und unkompliziert erledigt werden. In Kroatien könnten Sie zum Beispiel nur eine Prepaid-Karte kaufen, wenn die Läden auch offen haben, und müssten dann erst mal einen Code eingeben. Etwas aufwendig und nervig, oder? Moskau hat dafür sogar extra Terminals. Dort wird die Handy-Nummer eingegeben, das Geld eingezahlt und alles ist abgeschlossen. Schnell und einfach. Auch

Überweisungen können an diesen Stationen unkompliziert und schnell getätigt werden. Die Terminals gibt es in der ganzen Stadt. Somit müssen die Bürger nicht extra zur Bank gehen.

5. Yandex-Stau-App

Moskau ist berühmt für endlose Staus. Doch Russland hat sich auch dafür eine gute Lösung einfallen lassen. Die russische Suchmaschine Yandex bietet eine Stauapp an, die die Staus in der Stadt anzeigt und das auch in kleineren unbekannten Straßen, die nicht gerade groß sind. Die Staus werden dann rot angezeigt. Außerdem werden dann andere Straßen zum Umfahren der Staus vorgeschlagen. In Moskau ist dies leider sehr oft der Fall. Doch Yandex bietet hier Wege an, die sich anbieten, um in dem extremen Stadtverkehr der Großstadt trotzdem schnell vorankommen zu können.

6. Ein schneller Blick auf den Kontostand

In Russland erhält man viel häufiger SMS von der eigenen Bank. Hier wird man viel öfter und viel genauer informiert. Die Moskauer Banken informieren nämlich alle Kunden über jede Änderung, egal ob klein oder groß, über SMS. Einige Leute stört das jedoch, da sie dann auch sehr viele unwichtige SMS bekommen. Doch auch dafür kann man dann zur Bank gehen und die SMS-Benachrichtigungen abstellen lassen. Aber eigentlich bieten die vielen Nachrichten nur Vorteile: So wissen die Kunden nämlich immer, wie viel Geld sie noch haben oder werden auch informiert, falls sie mal ins Minus geraten sollten. Außerdem kann man falsche Informationen oder Zahlungen somit sofort ausfindig machen und diese schnell korrigieren. Diese Methode hat auch den Vorteil, dass sie gut vor Betrug schützt.

7. Russlands Linientaxis

In Russland spielt nicht nur die Metro eine große Rolle. Auch Straßenbahnen, Busse oder Oberleitungsbusse sind hier häufig genutzte öffentliche Verkehrsmittel, genauso wie die Linientaxis in Moskau. Man nennt die Linientaxis in Russland „Marschrutki". Sie sind so groß wie ein Kombi oder Van und fahren immer auf einer bestimmten Route. Der Vorteil hierbei ist, dass man bei diesen Taxis überall aussteigen kann, außer natürlich, wenn es an bestimmten Stellen verboten ist, und sie relativ günstig sind. Wenn Sie ein Taxi anhalten wollen müssen Sie nur ein einfaches Handzeichen geben. Es kann jedoch sehr laut im Taxi werden, was für einige sehr ungewohnt ist. So kommt es manchmal dazu, dass man den Fahrer anschreien muss, um gehört zu werden. Das könnte etwas unangenehm werden, man gewöhnt sich jedoch nach einigen Fahrten daran. In Russland ist das sogar ein Normalzustand.

8. Medikamente Rezeptfrei bekommen

In Russland ist der Verkauf von Medikamenten, die in vielen anderen Ländern verschreibungspflichtig sind, auch ohne Rezept erlaubt. Sie können diese Medikamente einfach in einer örtlichen Apotheke kaufen. Dort gibt es zum Beispiel Antibiotika, hochwirksame Mittel oder auch Hormonpräparate.

Das soll den Vorteil haben den Besuch beim Arzt und außerdem Geld und Zeit zu sparen. In Russland wird diese Variante immer beliebter, sie hat aber auch einige Nachteile, da sich somit das Risiko rasant erhöht, sich selbst gesundheitliche Schäden zuzufügen.

9. Die Russische Mentalität

Obwohl die Russen in anderen Ländern als sehr rau und aggressiv gelten, ist eigentlich das Gegenteil der Fall. Die Russen sind sehr freundlich, hilfsbereit und sympathisch, lediglich ab und zu etwas emotionaler als andere Menschen. Sie helfen sofort, wenn man sie um Hilfe bittet und sind auch im Alltag sehr viel freundlicher zueinander als die Deutschen. Sie laden gerne ihre Freunde zum Essen ein und genießen auch die gemeinsamen Treffen auf der „Datscha" (russischer Garten) sehr.

10. Sehenswürdigkeiten

Moskau hat wie keine andere Stadt sehr viele einzigartige Sehenswürdigkeiten. Die meisten kosten nichts und können einfach so angesehen werden.

Es gibt zum Beispiel das Lenin-Mausoleum. Das ist ein Stück russischer Geschichte, in dem man heute noch den einbalsamierten Revolutionsführer Lenin begutachten kann. Auch den „Arbat" sollte man mal gesehen haben. Das ist die schönste Straße Russlands, in der man sich die altertümlichen Häuser ansehen, zugleich aber auch Bars oder Cafés besuchen kann. Insgesamt gibt es hier unendlich viele Möglichkeiten, die Ihnen im nächsten Kapitel ausführlicher vorgestellt werden.

Top 15
Sehenswürdigkeiten

Russland, und besonders Moskau, hat so viele Ausflugsmöglichkeiten, dass eine Reisewoche hier auf jeden Fall nicht ausreicht. Sie bietet abwechslungsreiche Aktivitäten, eine interessante Geschichte und schöne Bauwerke. Nehmen Sie lieber ein Hotel in der Stadtmitte, um von dort aus alles mit der Metro erreichen zu können. Für die Städtereise sollten Sie sich am besten 4 bis 5 Tage Zeit nehmen. So können Sie sich alles in Ruhe ansehen. Nun bekommen Sie hier die 15 besten

Sehenswürdigkeiten, die Sie auf jeden Fall sehen müssen!

1. BASILIUS KATHEDRALE IN MOSKAU

Sie könnten Ihre Tour zum Beispiel an der Basilius Kathedrale starten. Sie gilt als einer der bekanntesten und meist besuchten Orte der Stadt, wahrscheinlich sogar in ganz Russland, und befindet sich auf dem roten Platz.

Infos und Tipps:
- Ort/Lage: Moskau City, roter Platz
- Eintrittspreis: 1.000 Rubel, ca. 13,50 €. Für Kinder bis 16 Jahre ist der Eintritt kostenfrei.
- Besuchszeiten: Montag bis Sonntag 10-18 Uhr (Juni bis August)
- 11-18 Uhr (September bis November und Mai)
- 11-17 Uhr ab dem 8. November bis zum April
- Wichtige Info: Bei sehr kalten Temperaturen können sich die Öffnungszeiten ändern.

Nehmen Sie hierfür die rote Metrolinie und steigen Sie bei „Ochotny rjad" aus. Passenderweise können Sie dort den Westausgang nehmen. Sie befinden sich dann direkt 500 Meter neben dem langen Roten Platz, an dem zufälligerweise auch der berühmte Kreml grenzt. Was Ihnen bestimmt direkt auffallen wird, sind die einzigartigen und besonders farbigen Kuppeln der Kathedrale. Diese außergewöhnliche Kathedrale kann zu einem Eintrittspreis von 1.000 Rubel (also ungefähr 14 €) besichtigt werden, was sich auch wirklich lohnt. Sie besteht aus neun Kirchen, die innen und auch außen besonders schön und atemberaubend gestaltet worden sind. Beachten Sie, dass die Kassen ungefähr 40 Minuten vor der Kathedrale geschlossen werden. Sie können die Kathedrale bis mindestens 16 Uhr betreten. Fotos dort zu machen ist erlaubt.

2. DAS LENIN MAUSOLEUM

Das Lenin Mausoleum befindet sich auf dem roten Platz, direkt neben der Basilius-Kathedrale. Dies ist ein besonders faszinierendes Museum für historisch interessierte Menschen, da man sich dort unter anderem den einbalsamierten Körper des 1924 verstorbenen Gründers der Sowjetunion „Lenin" anschauen kann.

Infos und Tipps: Das Lenin Mausoleum öffnet von 10-13 Uhr an den folgenden Wochentagen: Dienstag - Donnerstag, Sonntag. Der Eintritt ist zu diesen Zeiten kostenlos, jedoch ist es verboten Fotos dort zu machen.

3. DAS HISTORISCHE MUSEUM

Ein weiterer Hingucker ist das Historische Museum in Moskau. Es befindet sich genauso wie das Lenin Mausoleum auf dem Roten Platz und behandelt, wie der Name schon sagt, die Geschichte Russlands.

Infos und Tipps:
- Ort/Lage: Roter Platz, Moskau
- Eintrittspreis: 700 Rubel, ca. 9,60 €. Für Kinder bis 16 ist der Eintritt kostenfrei
- Das Museum hat von Montag bis Sonntag in den Zeiten von 10-21Uhr (gilt nur für Juni bis August) geöffnet
- Von September bis Mai ist um 10-18 Uhr offen
- Das Museum ist von September bis Mai jeden

Dienstag geschlossen

Hier wird vor allem die Geschichte Russlands erzählt, wobei auch tausende Exponate gezeigt werden. Der Anblick des Museums ist vor allem in den Abendstunden ein wirkliches Highlight, da es aus roten Backsteinen besteht und einen einzigartigen Anblick liefert. Der rote Platz ist dabei komplett beleuchtet und bietet einen einzigartigen Anblick. Das Museum ist somit auch besonders für Fotografen perfekt geeignet.

Insider Tipp: Sehen Sie sich Moskaus Sehenswürdigkeiten tagsüber am besten von innen, wie auch von außen, an und kommen Sie abends dann unbedingt noch mal wieder, um den roten Platz mit seiner einzigartigen Beleuchtung sehen zu können. Das bietet einen einzigartigen Anblick.

4. DAS KAUFHAUS „GUM"

Ebenfalls eine gute Variante für Tage, an denen das Wetter schlecht ist, ist der Besuch des luxuriösen Kaufhauses „GUM". Shoppen können Sie hier leider nur mit überdurchschnittlich viel Geld, da im GUM eigentlich nur teure Luxusmarken verkauft werden

– aber auch schon der Anblick des größten Shoppingcenters Europas lädt auch so zum Bummeln und Bilder machen ein. Das Gebäude wird durch ein Glasdach „gekrönt", welches den Anblick des Kaufhauses noch mal erheblich verbessert.

5. MOSKAUER KREML MUSEUM

Der Moskauer Kreml (Zitadelle) ist ebenfalls eine besonders interessante Sehenswürdigkeit und befindet sich dementsprechend natürlich auch auf dem roten Platz. Wenn Sie in Moskau unterwegs sind, kommen Sie mit hoher Wahrscheinlichkeit an dem Kreml vorbei, da seine Mauern direkt an den roten Platz grenzen. Außerdem ist dies der älteste Teil der Stadt und auch heute noch sehr faszinierend anzusehen.

Infos und Tipps:
- Ort/Lage: Roter Platz, Moskau
- Eintrittspreis: 700 Rubel, ca. 9,60 €. Für einige Bereiche werden Zusatztickets benötigt.
- Öffnungszeiten: Freitag-Mittwoch 9:30-18 Uhr
- In den Monaten Mai bis September ist das

Museum von 9:30-18 Uhr geöffnet

- Von Oktober bis Mai ist es von 10-17 Uhr offen
- Wichtige Info: Touren oder Audio-Guides sind dort immer verfügbar

Infos über den Kreml

Der Kreml war zu früheren Zeiten Russlands der Amtssitz vieler Zaren, Großfürsten und Präsidenten und außerdem ein auf der ganzen Welt bekanntes Symbol der russischen Staatsmacht. Die dunkelrote Kremlmauer ist über 2.200 Meter lang, wobei 20 Türme die Zitadelle umrunden. Dies ist eine ganz besondere Sehenswürdigkeit und vor allem von innen unfassbar interessant. Die Eingänge befinden sich an zwei Orten: Der erste am Kutafja-Turm und der zweite am Borowizki-Turm. Bevor Sie den Kreml besichtigen können, müssen Sie jedoch eine Sicherheitskontrolle machen lassen und einen Eintrittspreis von ungefähr 9 € zahlen.

Der Kreml ist sogar heute noch der Amtssitz des russischen Staatsoberhaupts und aus diesem Grund nur mit speziellen Führungen zugänglich. Doch abgesehen davon sollten Sie die Kremlmauer auf jeden Fall von innen gesehen haben, da dort sehr interessante und geschichtlich wichtige Gebäude betrachtet werden können. Das sind zum Beispiel die Rüstkammer, die Verkündungskathedrale, der Palast des Kremls oder auch die Zarenglocke, die über sechs Meter hoch ist. Beachten Sie: Für einige besondere Teile des Kremls müssen Sie eine zusätzliche Eintrittskarte kaufen.

Insider Tipps: Falls Sie sich nicht in den engen Menschenmassen bewegen wollen, können Sie zum Beispiel eine private Führung buchen. So verpassen Sie keine besondere Sehenswürdigkeit und müssen auch nicht ständig im Reiseführer nachsehen, sondern kriegen die wichtigen Informationen direkt von einem eigenen speziellen Führer. Die kosten zwar etwas Geld, spart aber auch viel Zeit und Nerven, da sie dann nicht mehr für jede Eintrittskarte erneut anstehen müssen.

6. DIE EUROPÄISCH/AMERIKANISCHE KUNSTGALERIE

Diese Kunstgalerie ist perfekt für Sie, wenn Sie interessiert an amerikanischer oder auch europäischer Kunst sind. Denn das ist der Schwerpunkt dieser Sehenswürdigkeit. In dieser Galerie wird vor allem die westliche Kunst ausgestellt und man kann dort weltbekannte Werke bekannter Künstler wie Vincent Van Gogh oder Renoir betrachten. Das Museum erreichen Sie mit der roten Metrolinie, wenn Sie bei Kropotkinskaja aussteigen.

Infos und Tipps:
Geöffnet: Dienstag-Sonntag von 11-20 Uhr, Donnerstag und Freitag eine Stunde länger offen. Der Eintritt kostet umgerechnet nur 4-5 €, Für Kinder bis 16 Jahren ist die Galerie kostenlos.

7. DAS PUSCHKINMUSEUM

Zu den interessantesten Moskauer Museen muss natürlich das Puschkinmuseum gezählt werden. Hier findet man bekannte Werke von Künstlern wie Vincent Van Gogh, Rembrandt oder Paul Cézanne. Man muss kein Kunstliebhaber sein, um von diesen Werken begeistert zu werden.

Auch dieses Museum ist am besten mit der roten Metrolinie zu erreichen (Kropotkinskaja).

Infos und Tipps: Das Puschkin Museum ist dienstags bis sonntags von 11–20 Uhr geöffnet. Am Montag ist es geschlossen. Die Dauerausstellung kostet 5,50 €, bis 16 Jahre kostenfrei. Falls Sie die Sonderausstellung sehen wollen müssen Sie noch einmal 8 € zahlen.

Insider Tipp: Für 8 € bekommen Sie ein Kombiticket. Damit können Sie die bekannte Kunstgalerie und das Puschkinmuseum besuchen und sparen somit viel Geld.

8. TRETJAKOW GALERIE

Die weltberühmte Tretjakow Galerie ist ein Kunstmuseum, welches die wichtigsten Moskauer Kunstwerke und Exponate beinhaltet. Dort stehen über 140.000 Werke der Malerei, Grafik und Bildhauerei. Der Ticketpreis hängt von der Ausstellung ab, die Sie sehen wollen.

Um dorthin zu gelangen, müssen Sie die orange Metrolinie nehmen und an der Station „Tretjakowskaja" aussteigen. Das Museum befindet sich nur einige Minuten zu Fuß von der Metrostation entfernt.

Infos und Tipps: Die Galerie ist von Dienstag bis Mittwoch und Sonntag ab 10 Uhr bis 18 geöffnet. Donnerstag bis Samstag sogar 3 Stunden länger. Montags ist sie geschlossen.
Eintritt: 7 €, bis 18 Jahren kostenlos
Kombiticket: ungefähr 10-15 €

9. DAS BOLSCHOI-THEATER

Falls Ballettstücke und Operetten Sie begeistern oder Sie sich so etwas schon immer gerne mal ansehen wollten, ist das Bolschoi-Theater perfekt für Sie. Hier werden die berühmtesten Stücke der Weltgeschichte aufgeführt. Sie sollten die Tickets am besten schon vor Ihrer Moskaureise kaufen, da die Preise einige Wochen vorher oftmals günstiger sein können. Falls Sie keine Karten mehr bekommen, können Sie an den öffentlichen Führungen, die dort täglich stattfinden, teilnehmen.

Um mit der Metro zum Theater zu kommen, müssen Sie die dunkelgrüne Metrolinie nehmen und an der Haltestelle „Teatralnaja" aussteigen, die sich ganz in der Nähe des roten Platzes befindet. Sie können also beide Moskauer Sehenswürdigkeiten gut miteinander verbinden.

Insider Tipp: Englische Führungen gibt es an den folgenden Tagen: Montag, Mittwoch, Freitag um 11.15 Uhr. Die Teilnahme kostet ungefähr 20 €.

10. GORKI PARK

Nachdem nun viel Kunst und Geschichte zu begutachten war, folgt jetzt etwas Entspannung an der fri-
schen Luft. Moskau bietet Ihnen viele interessante
Parks und außerdem auch viel Natur, die man bei
schönem Wetter besonders gut genießen kann. Hierfür eignet sich der Gorki Park perfekt. Er liegt direkt
an dem berühmten Fluss „Moskwa", den Sie sich
gleichzeitig mit dem Gorki Park ansehen können.

Um zu diesem Park zu gelangen, müssen Sie die
rote (Park kultury) oder die orange Metrolinie (Ok-
tjabrskaja) nehmen.

Insider Tipp: Direkt am Gorki Park befindet sich
noch ein Kunstmuseum, welches nur 4 € Eintritt
kostet und bei dem eine Besichtigung nur um die 2
bis 3 Stunden dauert.

11. DAS KOSMONAUTENMUSEUM

Da Sie nun einige Moskauer Sehenswürdigkeiten kennen, bietet sich jetzt ein Museum der ganz anderen Art an. Es behandelt nämlich die russische Raumfahrtgeschichte mit unfassbar vielen Exponaten. Hier ist zum Beispiel auch der Prototyp eines Raumtransporters ausgestellt. Das Museum dokumentiert die Geschichte der sowjetischen Raumfahrt und wird dort interessant erzählt. Zu den Ausstellungsstücken gehören Raumfahrtprogramme, ein begehbarer Basisblock der Raumstation „Mir", Raumanzüge und weitere bekannte Ausstellungsobjekte zur Weltraumgeschichte.

Erreicht werden kann das Museum mit der orangenen Metrolinie.

Infos und Tipps:
Öffnungszeiten: Sonntag bis Mittwoch von 10-17 Uhr, Donnerstag von 10-21 Uhr. Der Eintritt kostet ungefähr 4 €.

12. DER ZARIZYNO PARK

Dieser Park ist einer der interessantesten in ganz Moskau. In diesem Park befindet sich das neu erbaute Schloss von Kaiserin Katharina der Großen. In diesem Park können Sie zum Beispiel den warmen russischen Sommer mit einem Picknick genießen und dabei einen unfassbaren Ausblick auf das Schloss genießen. Eine solche Art von Picknick ist kein Normalzustand!

Um zum Palast zu kommen müssen Sie die grüne Linie nehmen und bei der Station „Domodedowskaja" aussteigen.

Infos und Tipps: Der Palast öffnet an folgenden Tagen: Dienstag bis Freitag von 10-18 Uhr, Samstag/Sonntag 2 Stunden länger, von 10-20 Uhr. Der Park selbst ist jeden Tag von 6 Uhr bis 21 Uhr zugänglich.

13. KOLOMENSKOJE

Nun folgt ein sehr spezielles Dorf, mit einigen alten Gebäuden und viel russischer Geschichte. Das Dorf Kolomenskoje befindet sich etwas außerhalb der Innenstadt und liegt direkt am Fluss Moskwa. Dort können Sie spazieren gehen, fotografieren und dabei auch noch viel über die damalige Zarenzeit erfahren. Sehr faszinierend ist hierbei die Steinkirche „Kolomenskoje", die als Weltkulturerbe gilt. Besonders bei Russlands sommerlichem Wetter ist dies ein perfekter Ausflug.

Das Dorf erreicht man mit der grünen Metrolinie. Steigen Sie an der Haltestelle „Kolomenskaja" aus.

Infos und Tipps: Dienstag/Freitag/Sonntag von 10-18 Uhr, Samstag von 11-19 Uhr. Das gilt für April bis September. Von Oktober bis März: Dienstag bis Sonntag von 10-18 Uhr

Tipp: Es werden ab und zu Touren durch den Park angeboten.

14. NOWODEWITSCHI-KLOSTER

Eine weitere atemberaubende Kirche, ist das Nowodewitschi-Kloster, auch Neujungfrauenkloster genannt. Das Kloster ist ein wahrer Blickfang und es wurde schon im 16. Jahrhundert mit dem Bau des Klosters begonnen. Es gehört seit 2004 zum Weltkulturerbe. Das Kloster ist eines der wichtigsten und schönsten Sehenswürdigkeiten Moskaus.

Nehmen Sie die rote Metrolinie und steigen Sie an der Haltestelle „Sportiwnaja" aus.

Infos und Tipps: Man kann das Nowodewitschi-Kloster täglich von 9 bis 17 Uhr besuchen, der Eintritt kostet ungefähr 320 Rubel, das sind umgerechnet 4-5 €.

15. DIE MOSKAUER METRO

Die Metro ist in Russland mittlerweile unverzichtbar, doch sie ist nicht nur ein Fortbewegungsmittel, sondern auch eine unfassbar schöne und einzigartige Sehenswürdigkeit. Die im Untergrund liegenden Metrostationen bestehen aus Marmor und sind mit handgemachten Statuen verziert. Sie zählen zu den

Schönsten der Welt. Viele Besucher kaufen sich hier ein Tagesticket (circa 3 €), um jede Station einmal abfahren und betrachten zu können. Die Stationen sind wahre unterirdische Paläste und noch dazu eine absolut günstige Sehenswürdigkeit. Dies sind die schönsten Stationen in Moskau:

- Majakowskaja: Diese Station liegt auf der grünen Linie und ist eine wahre Schönheit

- Kiewskaja: Diese Station können Sie mit der braunen Linie erreichen

- Komsomolskaja: Sie liegt ebenfalls auf der braunen Linie und gilt als die schönste Haltestelle der Welt

- Park Pobedy: Auf dieser Station können Sie mit der längsten Rolltreppe der Welt fahren. Sie liegt auf der blauen Linie

Wie Sie sehen, bietet Moskau Ihnen besonders viele kulturelle Sehenswürdigkeiten, aber auch genügend Möglichkeiten sich Dinge in der Natur ansehen zu können. Von geschichtsträchtig bis natürlich oder schön – es ist alles dabei. Deshalb lohnt sich ein Ausflug in die Großstadt auf jeden Fall.

Tipps für Ihren Aufenthalt

DIE BESTE REISEZEIT FÜR MOSKAU

Der Ausflug nach Moskau lohnt sich zu jeder Jahreszeit, da die Stadt besonders viele Museen oder auch Galerien bietet. Beachten sollten Sie aber auf jeden Fall, dass die Sommer- und Wintertemperaturen sehr weit auseinander liegen. Im Sommer kann es bis zu 40 Grad werden, im Winter wiederum bis -30 Grad oder kälter. Am besten ist eine Moskaureise im Mai oder Juni, da dort angenehmes, warmes Klima herrscht, welches sich perfekt für einen Spaziergang anbietet. Aber auch im

September und Oktober findet man dieses angenehme Wetter.

HOTELS IN MOSKAU

Moskau ist zwar eine relativ teure Stadt, doch Hotels bekommt man schon für umgerechnet 40 € pro Nacht. Wenn Sie trotzdem noch etwas Geld sparen wollen, bietet Moskau auch Hostels oder Ferienwohnungen an, die gemietet werden können. Für das Mieten der Unterkünfte können Sie die Plattform Airbnb nutzen. Dort finden Sie Wohnungen zu den unterschiedlichsten Preisen.

DIE MOSKAUER METRO

Mittlerweile ist Ihnen wahrscheinlich aufgefallen, dass die Metro fast unverzichtbar in Moskau ist. Sie ist schnell, auf der ganzen Welt bekannt und man kann mit ihr in kurzer Zeit zu allen gewünschten Orten kommen und auf dem Weg noch dazu die schönen Stationen betrachten. Ein Tagesticket kostet nur 3 €, somit ist es auch viel günstiger als das aufwendige Autofahren. Die Züge fahren schon um 5

Uhr morgens bis 2 Uhr nachts. Die Metro besteht aus 13 Linien und fährt nicht nur ins Zentrum, sondern kann Sie natürlich auch in weiter umliegende Gebiete außerhalb der Stadtmitte befördern.

Die Großstadt zählte bis vor einigen Jahren noch zu den teuersten Städten der Welt, doch dank des schwachen Rubels können Sie hier auf jeden Fall viel Geld sparen. 73 Rubel sind 1 Euro. Außerdem bietet Moskau auch viele kostenlose Touren an, die sehr zu empfehlen sind.

Falls Sie in Moskau essen wollen, können Sie auch hier Geld sparen. Sie müssen nur die passenden Restaurants kennen. Diese werden ich Ihnen hier auch noch vorstellen.

Ein Menü in einem durchschnittlichen Restaurant kostet nur um die 5 €. Getränke wie Tee oder Kaffee können Sie für nur 2 € kaufen.

RESTAURANTS UND BARS IN MOSKAU

Auch Moskau bietet, wie viele andere Städte, sehr gute und luxuriöse Restaurants für nur wenig Geld an, sodass man sich öfters mal verschiedene Restaurants, Bars oder Cafés aussuchen kann. Hier kommen einige Empfehlungen guter und günstiger Möglichkeiten.

- Budvar: In diesem Restaurant finden Sie viele internationale Gerichte für jeden Geschmack. Außerdem biete es sehr gutes Essen zu sehr günstigen Preisen an. Gilt auch für die Getränke.

- Грабли Food Bar: Diese Bar serviert typisch russische sowie auch internationale Gerichte. Sie ist sehr stylisch gestaltet und bietet auch Gerichte für Vegetarier an.

- Lepim i Varim: Hier bekommen Sie die bekannten „Pelmeni" in den verschiedensten Varianten zu einem guten Preis. Das Restaurant ist etwas klein, dafür aber sehr gemütlich gestaltet.

- Porosello: Das ist eine moderne Kneipe, die sehr gute Cocktails macht und Ihnen ein anziehendes Ambiente bietet. Es ist nur einige Minuten vom Kaufhaus „GUM" entfernt.

- Shinok: Der Fokus dieses Restaurants liegt bei der typisch ukrainischen und russischen Küche. Das Besondere an diesem Restaurant ist, dass es einen kleinen Zoo mit Ziegen und Kaninchen enthält.

Anreise & Einreise in Moskau

In Moskau gibt es drei große Flughäfen. Wenn Sie den passenden Flug finden, können Sie hier auch Geld sparen, denn Hin- und Rückflug gibt es manchmal schon für ca. 100 €.

Insider Tipp: Auf speziellen Seiten von Bloggern kann man die günstigsten Flüge nach Moskau suchen.

Was Sie aber wissen müssen:

Es gibt eine Anmeldepflicht in Russland. Wenn Sie aber ein Hotel oder Ähnliches buchen, so übernimmt das Hotel dann die Anmeldung.

Für Ihre Einreise nach Russland brauchen Sie unbedingt ein Visum und einen gültigen Reisepass. Das Visum müssen Sie unbedingt schon vor Ihrer Reise beantragen. Bereiten Sie sich auf Wartezeiten von einigen Monaten vor.

Für die Beantragung benötigen Sie ein Einladungsschreiben, welches Ihnen zum Beispiel von Hotels in Moskau ausgestellt werden kann und einen Termin beim russischen Konsulat oder bei einem Visazentrum. Falls Ihnen das zu viel Aufwand ist, können Sie auch eine Visaagentur beantragen, die alle Formalitäten für Sie erledigt. Über diese können Sie sich alles schnell und einfach mit der Post zuschicken lassen. Jedoch fallen einige Kosten für die Unterlagen an: Für das Visum, das Einladungsschreiben und die Bearbeitungsgebühren von der Agentur müssen Sie ungefähr 120 € zahlen.

TOP 3 MOSKAUER HOTELS

Für einen angenehmen Aufenthalt in Russland sind natürlich nicht nur die Sehenswürdigkeiten der Stadt wichtig, sondern auch ein gutes Hotel, in dem man auch gerne einen oder zwei entspannte Tage verbringen möchte. Gerade in Moskau gibt es sehr viel Auswahl, was Hotels betrifft. Das lässt natürlich viel Spielraum für überteuerte oder schlechte Hotels. Aus diesem Grund finden Sie hier die Top 3 Hotels in Moskau, mit denen Sie garantiert nichts falsch machen können und einen entspannten Aufenthalt mit dem besten Preis-Leistungs-Verhältnis bekommen.

1.Novotel Moscow (Ab 85 Euro pro Nacht)

Das Novotel Moscow Hotel ist ein gehobenes Mittelklasse-Hotel für Geschäfts- und Familienreisen. Es befindet sich im Zentrum Moskau (was sehr gut ist, da man von dort alles schnell und einfach mit der Metro erreichen kann) und ist außerdem nur 15 Minuten vom historischen Zentrum entfernt.

Es enthält sehr luxuriöse Zimmer mit Fernseher, Sofa, Dusche und Esstisch. Das Hotel bietet Ihnen eine Bar, luxuriöses Essen, ein Fitnessstudio, ein

Schönheitscenter und noch vieles mehr an, um Sie während Ihrem Aufenthalt zu verwöhnen.

Die Küche bietet gesunde Gerichte mit wenig Zucker, vegetarischem, französischem und koscherem Essen an. Außerdem bekommen Sie hier internationale Gerichte, Bar Snacks oder Speisen vom Grill serviert.

Die U-Bahn-Stationen "Mendeleevskaja" und "Novoslobodskaja" befinden sich in Reichweite des Hotels. Die AeroExpress-Station ist ungefähr 10 bis 15 Minuten entfernt. Mit dem Zug fahren Sie ca. 50 Minuten bis zum Flughafen „Sheremetyevo". Der Vorteil: Viele Sehenswürdigkeiten befinden sich direkt in der Umgebung des Hotels.

Das Hotel bietet außerdem einige Hotelextras an:

- Zwei zu Fuß erreichbare U-Bahnstationen
- Ein Flughafen, den man in weniger als einer Stunde erreichen kann
- Ein Fitnessstudio
- WLAN/Internetzugang
- Sie können Ihre Haustiere gegen Aufpreis mitbringen
- Nichtraucherhotel
- Die Rezeption ist rund um die Uhr besetzt

- Eine Wäscherei vorhanden
- Bankautomat
- Online Check-in

Kontakt:
Das Novotel Moscow Centre
Novoslobodskaya Nummer 23
127055 MOSCOW
RUSSISCHE FÖDERATION
Tel: +74957804000

2. Swisshotel Krasnye Holmy Moscow (Ab 243 Euro pro Nacht)

Das Swisshotel Krasnye Holmy ist ein luxuriöses Hotel für Entspannung und Ruhe. Von der Sauna bis zum Jacuzzi ist alles vorhanden. Dieses Hotel ermöglicht Ihnen die maximale Entspannung. Hier sind weitere Dinge, die das Hotel Ihnen bietet:

- Verlässlichen Zimmerservice
- Restaurant mit qualitativen Gerichten
- Massage / Schönheitscenter
- Bar / Foyer
- Klimatisierung überall
- Minibar
- Bad

- Salon
- Massage
- Spa & Wellness Center

Im Swisshotel Krasnye Holmy haben Sie außerdem die Möglichkeiten ins Fitnessstudio zu gehen, im Hallenbad schwimmen zu gehen oder auch sich im Pool zu entspannen und draußen die atemberaubende Gartenanlage zu genießen.

Auch bietet das Hotel genügend Parkplätze, Parkservices und Flughafen-Shuttleservices an.

Weitere Servicedienste:

- Business-Center
- Portier
- Aufzug
- 24-Stunden-Rezeption
- Möglichkeit zum Geldwechseln
- Mehrsprachiges Personal
- Sicherer Safe
- Geldautomat
- Gepäckträger
- Zuverlässiger Wäschedienst
- Einige Geschäfte (Geschenkladen,

Einkaufsmöglichkeiten)

- Fotokopierer
- Ticketservice
- Direktionsetage
- Gepäckaufbewahrung
- Schnelles Ein- und Auschecken

Kontakt:

Swisshotel Krasnye Holmy Moscow

Adresse: Kosmodamianskaya nab 52 bld 6,

Moscow, Russland, 115054

Telefon: +7 495 787-98-00

3. Mercure Arbat Moscow Hotel (Ab 94 Euro pro Nacht)

Das Mercure Arbat Moscow Hotel ist ein Boutique-Hotel in der französische Eleganz auf russische Kultur trifft. Es ist nur einige Minuten vom roten Platz entfernt.

Die Zimmer:

Die Zimmer enthalten einen Fernseher, Klimaanlage und Kühlschrank. Der WLAN-Zugang ist kostenlos. Das Badezimmer bietet genügend Platz und enthält einen Haartrockner sowie genügend Handtücher und weitere Toilettenartikel. Ein Safe ist auch vorhanden.

Das Hotel enthält ein Fitnessstudio, was rund um die Uhr geöffnet ist, genauso wie auch eine Minibar, die die verschiedensten Cocktail-Variationen bietet.

Kontakt:

Mercure Arbat Moscow

Smolenskaya Sq. 6

121099 MOSCOW

RUSSISCHE FÖDERATION

Tel: +74952250025

Fax: (+7)495/2250083

TOP 5 MOSKAUER RESTAURANTS

1.Stolowaja No57

Günstiger als in der Stolowaja zu essen ist in der Stadtmitte fast unmöglich: Dieses Café finden Sie direkt im großen Kaufhaus „GUM". Jedoch bedeutet das auch, dass es dort immer voll ist, da viele weitere Touristen dieses legendäre Restaurant besuchen wollen. Nehmen sie sich also genug Zeit, falls Sie dort essen wollen.

Der große Speisesaal ist angenehm mit weißen

Tischdecken und Vasen mit Blumen dekoriert und insgesamt im sowjetischen Stil gestaltet.

Hier sind einige Preise der Speisen:

1) „Borschtsch" (Suppe) für ungefähr 100 Rubel (1,45 Euro)

2) Kleine Fleischgerichte für ca. 200 Rubel (2,90 Euro)

3) Kleiner Snack, Pommes für 80 Rubel (1,16Euro)

4) Salat für 60 -75 Rubel (1,08 Euro)

5) Selbstgemachter Kuchen für 50 Rubel (0,72 Euro)

6) „Tchai" (Tee) für 70 Rubel (1,01 Euro)

Hier finden Sie auf jeden Fall etwas für Ihren Geschmack und auch noch zu einem perfekten Preis!

<u>Kontakt:</u>

Stolowaja No.57 Restaurant

Krasnaya Sq., Im GUM

Moskau, 109012, In Russland

+7 495 620-31-29

2. Farsch Restaurant

„Farsch" bedeutet so viel wie Hackfleisch und ist ein sehr exklusives Restaurant, welches gut für einen luxuriösen Abend geeignet ist. Es gehört Arkadij Nowikow, welcher ein bekannter Gastronom in Russland ist und ist eine Kette mit noch 15 weiteren Restaurants, die unter anderem auch in London und Dubai zu finden sind. Es werden hier Burger, Hähnchenflügel und Pommes serviert. Dieses Restaurant ist jedoch eine Luxusangelegenheit, da die Preise ab 150 € anfangen. Der Preis lohnt sich aber wirklich. Die Gerichte sind hervorragend und sehr lecker!

Doch wie kommt der hohe Preis zustande?
Das Restaurant ist sehr einzigartig und verwendet spezielles russisches Hackfleisch für seine Burger. Auch die Brötchen werden mit einem besonderen Zusatz von Kartoffelbrei gebacken. Ein gutes Gericht ist hier zum Beispiel die „Tante aus Barcelona".

Kontakt:

Farsch Restaurant

Adresse: Nikolskaya St, 12, Moscow, Russland, 109012

Telefon: +7 495 258-42-05

3. Lepim i warim

Das ist eine perfekte Möglichkeit, um zum ersten Mal die russische Spezialität „Pelmeni" zu probieren. Das ist Fleisch, umrandet von Teig, den es in diesem Restaurant in den verschiedensten Variationen gibt. Das Restaurant bietet ungefähr 10 Arten von Pelmeni an, darunter Pelmeni mit dem Fleisch des Wildschweins oder Elchfleisch. Auch den Teig gibt es in verschiedenen Arten: Schwarzer Teig, grüner Teig – es ist alles vorhanden. Die Gerichte kosten ungefähr fünf Euro.

Bei der Zubereitung Ihres Gerichtes können Sie auch zusehen.

Kontakt:

Lepim i Warim Restaurant

Pereulok Stoleshnikov 9/1

Moskau, Russland

4. Marktplatz

Der Marktplatz ist ein Restaurant und ein Markt gleichzeitig. Hier finden Sie modernes Design, eine offene Küche und Gerichte aus aller Welt zu guten Preisen. Hier kosten Nudeln mit Huhn nur ungefähr 220 Rubel. Auch für Kaffeetrinker ist das ein besonderer Ort, da man hier den typischen Moskauer „Raffkaffee", der mit Orangenschalen und Rosmarin serviert wird, probieren kann. Dieser kostet dort nur 140 Rubel. Das Restaurant ist auf jeden Fall einen Besuch wert und bietet gleichzeitig auch die günstigsten Preise an.

Kontakt:

Restaurant Markplatz

Kiyevsky Station Square,

2 Evropeyskiy Shopping Center

Kiyevskaya station

+7 (915) 360-07-00

5. Volki &Yelki

Dieses Restaurant ist sehr stilvoll gehalten und serviert sehr einzigartiges und luxuriöses Essen. Dort gibt es Steaks, Burger, Cocktails und vieles mehr. Das Restaurant ist bekannt für seine freundlichen Mitarbeiter und die verschiedensten Varianten an Essen. Die Preise der Gerichte beginnen ab 350 Rubel, also ungefähr 5,50 Euro.

<u>Kontakt:</u>

Restaurant Volki & Yelki

Adresse: Tverskaya St, 7,

Moscow, Russland, 125375

Telefon: +7 926 226-46-21

Moskau – Tipps & Tricks

Sich in Moskau zu orientieren ist am Anfang etwas schwer und man weiß natürlich auch noch wenig über die Stadt. Wenn man aber einige Tipps und Tricks kennt, kann man sich in Moskau schnell zurechtfinden und die schönsten Seiten der Stadt genießen. Deshalb folgen nun 5 Insider-Tipps, die Ihnen garantiert bei Ihrem Aufenthalt weiterhelfen und die Geheimnisse von Moskau zeigen.

1.Restaurants

Suchen Sie sich unbedingt vorher Restaurants aus, in die Sie gehen möchten, da Moskau meistens sehr teuer und außerdem sehr voll ist. Es gibt nur einige wenige Ausnahmen, die vergleichsweise günstig sind, welche ich im letzten Kapitel genannt habe.

2. Eine Fahrt auf der Moskwa (bei Sonnenuntergang)

Eine Schiffsfahrt bei Sonnenuntergang ist in Moskau absolut zu empfehlen. Besonders am Ende des Tages strahlt die Stadt ihren Glanz aus und bietet noch dazu perfekte Möglichkeiten für einige Bilder als Erinnerung. Die meisten Schiffe fahren ab dem Kiever Bahnhof ab und kosten ca. 400 Rubel also ungefähr 6 Euro. Vor allem der Ausblick auf die Basilius-Kathedrale in Kombination mit der untergehenden Sonne ist besonders beeindruckend. Ein Ausflug der sich lohnt.

3. Metro fahren

Das schnellste Verkehrsmittel ist die Metro, wie schon erwähnt. Nur müssen Sie aufpassen, wie Sie Metro fahren. Vermeiden Sie es lieber, auf der Ringbahnlinie in den ersten oder letzten Wagen einzusteigen, da dort Obdachlose schlafen könnten.

Wenn Sie in eine Metro einsteigen, gehen Sie am besten zu den am weitest entfernten Eingängen, da dort weniger Menschen sind und somit auch weniger Gedrängel herrscht. Positiver Nebeneffekt: Auch die Schlangen an den Ticketschaltern sind dort kürzer!

Wenn Sie mit der Straßenbahn oder dem Bus fahren, sollten Sie lieber schon vorher ein Ticket kaufen. Diese kosten dann fast ein Viertel weniger und zudem sparen Sie auch noch wertvolle Zeit.

4. Aussicht von der Universität bei Nacht

Sehen Sie sich unbedingt die Moskauer Universität bei Nacht an. Sie liegt auf der anderen Flussseite und überblickt die Stadt. Von dort hat man eine fantastische Aussicht über die Stadt und im Sommer ist es ein beliebter Treffpunkt der Russen. Aus diesem Grund kann man viele getunte Autos mit Untergrundbeleuchtung sehen, die Musik der Leute dort kennenlernen und ein bisschen mehr über die russische Kultur herausfinden.

5. Tiki Bar

Falls Sie am Abend auch ein bisschen feiern und trinken gehen wollen ist die Tiki Bar ein perfekter Ort, den man gesehen haben sollte. Dort kann man besonders viele neue Leute kennenlernen und so vielleicht sogar auch weitere Bars erkunden.

Die Drinks in der Tiki Bar sind wirklich gut und die Barkeeper sprechen auch Englisch, was in Russland eine echte Seltenheit ist.

Das sollten sie lieber vermeiden

Besonders in einer Großstadt wie Moskau sollten Sie einige Dinge unbedingt vermeiden, wenn Sie unversehrt nach Hause kommen möchten. Bewahren Sie sich also vor den folgenden Fettnäpfchen und vermeiden Sie am besten diese Dinge für einen guten Aufenthalt ohne unangenehme Komplikationen.

1. Vermeiden Sie das Autofahren. Durch lange Staus verschwenden Sie nur Ihre Zeit in Moskau.

2. Trinken Sie niemals mit anderen um die

Wette. Viele in Moskau sind sehr vertraut mit regelmäßigem Alkoholkonsum.

3. Denken Sie nicht, dass jeder Russe Alkohol in Litern trinkt. Viele von Ihnen sind sehr intelligent und missverstehen dieses Thema manchmal auch als Provokation.

4. Wechseln Sie Ihr Geld auf keinen Fall auf der Straße. Es könnte sein, dass Sie betrogen werden.

5. Nehmen Sie keine Taxis am Flughafen. Diese kosten meistens das Dreifache. Außerdem gibt es an den Flughäfen auch Expresszüge, die Sie schnell und sicher an Ihr Ziel bringen.

6. Kaufen Sie keinen selbst gemachten Schnaps, falls dieser Ihnen angeboten wird. Nicht jeder Russe kann diesen richtig produzieren. Sie könnten sich vergiften.

7. In der Kirche gelten bestimmte Regeln: Männer setzen ihre Mützen ab und Frauen sollten ein Kopftuch tragen.

8. Bei Ihrer Einreise bekommen Sie eine Migrationskarte. Diese sollten Sie lieber nicht verlieren. Sonst kann es zu Problemen mit der Miliz kommen. Fragen Sie außerdem im Hotel unbedingt nach einer Anmeldung.

9. Passen Sie in Moskau einfach etwas mehr auf und schließen Sie trotzdem Bekanntschaften mit den neuen Menschen. Es gibt natürlich einige schlechte Viertel in Moskau, jedoch überwiegen die Gegenden mit den freundlichen und sympathischen Menschen. Russland ist nicht so schlimm, wie einige denken.

10. Falls Sie zu Besuch eingeladen werden, kaufen Sie auf jeden Fall Kuchen oder Blumen. Man kommt nicht mit leeren Händen als Gast zu Besuch.

11. Falls Sie ins Theater gehen wollen, kaufen Sie sich die Karten nicht auf der Straße, sondern direkt an der Kasse. Diese könnten sonst gefälscht oder ungültig sein.

12. Versuchen Sie zu vermeiden krank zu werden. In Russland gibt es zwar viele gute Ärzte, jedoch können die wenigsten Englisch, geschweige denn Deutsch. So können Sie nur schlecht mit dem Arzt kommunizieren.

13. Ziehen Sie keine weißen Schuhe an. Wegen des Smogs und Staubes in Moskau werden diese ganz schnell schwarz.

14. Falls Sie sich ein Taxi nehmen wollen, sollten Sie lieber eine Taxistation anrufen. Nehmen Sie

keine privaten Fahrgelegenheiten zu Ihrer eigenen Sicherheit.

15. Vermeiden Sie es, viel Fastfood zu essen. Die Qualität ist nicht die beste, da ist es viel vorteilhafter ein günstiges Restaurant zu suchen und dort entspannt zu essen als in den überfüllten Fast Food Läden.

Tipps für den kleinen Geldbeutel

Falls Sie viele, aber günstige, Ausflüge machen wollen oder einfach nur etwas Geld auf Ihrem Ausflug sparen wollen, sind die folgenden Tipps perfekt für Sie.

1.Günstige Ausflüge

Viele Menschen würden gerne das legendäre Bolschoi-Theater besuchen, doch leider kostet das Ticket meistens mehrere hundert Euro – und das können sich viele nicht leisten. Aber auch dafür gibt es einige Möglichkeiten, Ihre Wünsche doch noch erfüllen zu können und dabei auch noch Geld zu sparen.

Es gibt ein Programm, welches sich „Bolschoi für Jugendliche" nennt. Hier können sich besonders junge Menschen erfreuen. Denn für Personen von 15 bis 25 Jahren werden spezielle Theaterstücke angeboten, die zwischen 650 und 1300 Rubel (etwa 8 bis 16 Euro) kosten. Um das Ticket zu bekommen, müssen Sie direkt an die Theaterkasse gehen und dort nach dem Ticket fragen.

Wenn Sie älter als 25 sind, können Sie das Ticket auch online bestellen, da dies meistens sehr viel günstiger ist.

2. Ein günstiges Geburtstagsgeschenk

Falls Sie an Ihrem Geburtstag oder bis zu 7 Tage davor oder danach reisen, ist das nächste Angebot perfekt für Sie. Sie bekommen dann den Anspruch auf eine besondere Geste der Eisenbahn in Russland. Man kann nämlich bis zu 35 Prozent Rabatt auf eine kleine Reise in Russland bekommen.

Und noch dazu gilt dasselbe Angebot für drei Freunde, die dann mit Ihnen reisen.

Derselbe Rabatt gilt auch für Neuvermählte, die die erste Klasse buchen.

3. Angenehme Zugfahrt

Hier ist noch ein weiterer Trick, um Geld beim Zug-fahren zu sparen. Buchen Sie einfach einen Platz im fünften Wagen des Zuges „Sapsan". Sie gelangen dann so in das Restaurant des Zuges. Dadurch bekommen Sie einen Gutschein für ein Mittagsessen im Zug! Warum das so ist, weiß leider keiner so genau, jedoch freuen sich die meisten über das kostenlose Mittagsessen.

4. Auch abends Geld sparen

Wenn Sie in Moskau günstig und schnell etwas essen wollen, müssen Sie nicht unbedingt in einen alten kaputten Imbiss gehen, sondern können bis zum Abend warten. Denn abends fangen auch die anständigen Cafés an, ihre Speisen und Getränke erheblich zu reduzieren. Die Produkte werden dabei sogar bis zu 20 Prozent günstiger!

Die Snacks oder Desserts in den vielen Cafés sind nach 21 Uhr sogar auf 50 Prozent reduziert. So lohnt es sich sogar, in einem luxuriösen Café zu essen.

5. Kostenlose Museen

Falls Sie sich die Kunstwerke Russlands oder die russische Geschichte aneignen wollen, können sie bis zum dritten Sonntag des Monats warten, denn da kommen Sie sogar kostenlos in viele Museen. Das einzige Negative ist, dass dieser Tipp eigentlich überall bekannt ist und dadurch die Museen an diesem Tag sehr voll sind.

6. Parken

Falls Sie doch mit dem Auto unterwegs sind, können Sie die ersten 15 Minuten für einen kurzen Stop kostenlos parken.

Moskau als Reiseziel

Insgesamt ist Moskau als Reiseziel eine sehr gute Wahl, da sich dort unheimlich viele Möglichkeiten für Ausflüge bieten. In der Stadt ist für jeden was dabei: Museen für Kunstinteressierte, Museen für Geschichtsinteressierte, Museen für Bildhauerei... Daran sparen die Russen nicht!

Doch auch für entspannte Ausflüge bieten Parks wie der Gorki-Park eine wunderschöne Atmosphäre, die man nur in Russland auf eine ganz bestimmte Weise genießen kann. Das schöne Wetter in der

Frühlings- und Sommerzeit unterstützt dies ebenfalls.

Auch in den Bereichen der Hotels und Restaurants kann Moskau sehr viel bieten, da es dort unheimlich viele Variationen von Essen und natürlich auch die verschiedensten Hotelmöglichkeiten für jeden Geschmack gibt.

Mit bestimmten Tipps kann man Unannehmlichkeiten aus dem Weg gehen und stattdessen die schönsten Seiten Moskaus erkunden, die sich vor allem beim Sonnenuntergang und bei Nacht zeigen. Die Großstadt bietet noch dazu genügend Möglichkeiten Geld zu sparen, jedoch nur, wenn man sich ein bisschen auskennt.

Im Großen und Ganzen ist Moskau eine sehr interessante und weitreichende Stadt mit unfassbar vielen Möglichkeiten und ein perfektes Reiseziel für viele schöne Erlebnisse. Lassen Sie sich die Chance nicht entgehen und besuchen Sie Moskau, um das alles mit Ihren eigenen Augen zu erleben! Viel Spaß auf Ihrer Reise in die größte Stadt Russlands!

Packliste

Geld & Finanzen

O (evtl.) Auslandswährung
O Bargeld
O Bauchtasche
O Brustbeutel
O Bauchtasche
O EC-Karte
O Kreditkarte
O Notfall-Telefonnummern der Banken
O Portmonee

Hygiene

O Haarbürste / Kamm
O Deo (klein)
O Shampoo
O Kulturtasche
O Sonnencreme
O Taschentücher

O Reise-Zahnbürste und Zahnpasta
O Verhütungsmittel

Kleidung

O Badeklamotten
O Gürtel
O Hosen kurz / lang
O Mütze / Cap / Hut
O Pullover
O Regenjacke
O Schlafanzug
O Socken
O Sonnenbrille
O Sportklamotten / Jogginghose
O T-Shirts
O Unterwäsche

Medikamente

O Blasenpflaster
O Anti-Durchfalltabletten
O Erste-Hilfe-Set

O Fiebertabletten
O Fiebertabletten
O Mückenschutz
O sonstige Medikamente
O Pflaster
O Kopfschmerztabletten

Unterlagen & Papiere

O ADAC Unterlagen
O Adresslisten für Postkarten
O Krankversicherungsnachweis
O Stadtplan
O Führerschein
O Unterlagen für die Unterkunft
O Wasserdichte Hülle für Reiseunterlagen
O Impfausweis
O Mietwagenunterlagen
O Personalausweis
O Reisepass
O Reisetagebuch
O evtl. Studentenausweis

O evtl. Visum
O Zug- / Bahn- / Flugticket

Taschen & Rucksäcke

O Koffer / Trolley / Reisetasche
O Regenhülle für Rucksack
O Rucksack

Schuhe

O Badeschlappen / Hausschuhe
O Schuhe und Wechselschuhe

Sonstiges

O Brille / Kontaktlinsen und Etui
O Buch zum Lesen
O Ohrenstöpsel und Schlafmaske
O Regenschirm
O Reisedecke
O Wasserflasche
O Wörterbuch

GALINA SCHNEIDER

Elektronik

O Digitalkamera
O Handy
O Ladekabel
O Kopfhörer
O evtl. Steckdosenadapter
O Power-Bank

Herstellung und Verlag:

BoD – Books on Demand, Norderstedt

ISBN: 9783750427419

© Galina Schneider 2020

1. Auflage

Kontakt: Psiana eCom UG/ Berumer Str. 44/ 26844 Jemgum

Covergestaltung: Fenna Larsson

Coverfoto: depositphotos.com